Joséphine Grassini

P. Scudo

Nouvelle période, Paris, 1852

© 2024, Paul Scudo (domaine public)
Édition : BoD • Books on Demand GmbH, In de
Tarpen 42, 22848 Norderstedt (Allemagne)
Impression : Libri Plureos GmbH, Friedensallee
273, 22763 Hamburg (Allemagne)
ISBN : 978-2-3225-3854-6
Dépôt légal : août 2024

JOSEPHINE GRASSINI.

Il y a un an à peine que l'une des plus célèbres cantatrices italiennes du commencement de notre siècle se mourait à Milan, dans la ville même qui fut le théâtre de ses premiers succès. Le nom de Mme Grassini brille d'un éclat tout particulier parmi les virtuoses et les artistes distingués qui ont fait l'ornement de la cour de Napoléon. Amenée en France par le vainqueur de l'Italie, après la bataille de Marengo, Mme Grassini a cessé de chanter en public à la chute du maître du monde, dont elle avait été une des plus charmantes conquêtes. Après Mme Catalani, dont nous avons ici même apprécié l'aimable talent et le noble caractère[1], Mme Grassini a sa place marquée parmi les cantatrices célèbres de notre siècle ; elle appartient à la même période de l'art, au même groupe d'artistes d'élite, et forme avec sa brillante contemporaine un contraste des plus heureux.

Joséphine Grassini était née à Varèse, village du Milanais, en 1773. Fille d'un pauvre cultivateur et douée d'une rare beauté, elle fut remarquée toute jeune encore par le général Belgiojoso, qui s'intéressa à son avenir et la conduisit à Milan, où elle étudia la musique et l'art de chanter sous les meilleurs maîtres alors connus. Ses progrès très rapides, joints aux charmes de sa personne et à la beauté de son organe, lui acquirent bientôt une assez grande renommée parmi les dilettanti à la mode. Après s'être essayée dans plusieurs concerts publics, et même sur quelques théâtres particuliers, Mme Grassini débuta pour la première fois sur le grand théâtre de la Scala, à Milan, en 1794. Elle parut d'abord dans un opéra de Zingarelli, *Artaserse*, avec le fameux *sopraniste* Marchesi et le ténor Lazzarini, puis dans le *Demofoonte* de Portogallo. Le succès de Mme Grassini fut éclatant dans ces deux ouvrages, et son nom se répandit aussitôt dans toute l'Italie. Les premiers théâtres de la péninsule se disputèrent la possession d'une cantatrice jeune et belle, que sa voix magnifique et son style sévère avaient tout à coup placée au premier rang.

Après une absence de deux années qu'elle employa à visiter triomphalement les villes les plus importantes, Mme Grassini retourna à Milan, dans le carnaval de 1796, et reparut à la Scala, dans un opéra de Traetta, *Apelle e Campaspe*, et puis dans le *Romeo e Giulietta* de Zingarelli, qui fut écrit expressément pour Mme Grassini et Crescentini. C'est dans cet ouvrage, qui a été composé en *quarante heures*, si l'on en croit un peu la légende[2], dans cet ouvrage, qui, malgré sa faiblesse, peut être considéré comme le chef-d'œuvre dramatique de Zingarelli, que Mme Grassini atteignit le point le plus élevé de sa belle renommée. Dans la plénitude de la jeunesse (elle avait alors vingt-trois ans), riche des plus charmans trésors, douée d'une voix admirable que dirigeait le goût le plus pur et qui se colorait des plus vives ardeurs de la passion, Mme Grassini avait trouvé dans le rôle de Giulietta l'idéal qui devait exciter et développer les instincts élevés de sa propre nature. Il est à remarquer que les grands chanteurs, aussi bien que les compositeurs et tous ceux qui s'adonnent aux arts de l'esprit, ne rencontrent qu'une seule fois dans leur carrière l'occasion de condenser ainsi dans une fiction de la fantaisie les rêves, les aspirations mystérieuses et ces souvenirs intimes et lointains dont s'alimente la source de notre vie morale. Telle est l'origine de ce qu'on appelle un chef-d'œuvre, qui contient l'essence la plus pure de celui qui l'a produit. Bien que les chanteurs et les comédiens en général semblent devoir échapper à cette loi d'identification, il n'en est pas moins vrai que les grands artistes ne se révèlent tout entiers et d'une manière inimitable que dans un rôle de prédilection, où leurs aptitudes, mêlées à leurs qualités physiques, trouvent à s'épanouir en un tout harmonieux. Voilà pourquoi Mme Pasta n'a jamais eu de rivale dans le rôle de Tancrède, ni Mme Malibran dans celui de Desdémone, pas plus que Mme Grisi dans celui de Norma, de l'opéra de Bellini.

Pendant le carnaval de l'année 1797, Mme Grassini chantait à Venise dans *les Horaces* de Cimarosa, ouvrage qui paraît avoir été composé dans la même ville en 1794, car il existe un peu d'incertitude sur l'année précise qui a vu naître le meilleur opéra sérieux qui nous soit resté de l'auteur du *Mariage secret*. Dans l'été de cette même année 1797, qui fut la dernière de la république de Venise, Mme

Grassini se rendit à Naples, ville que la célèbre cantatrice visitait pour la première fois, à ce qu'on a lieu de croire. Appelée dans cette capitale pour contribuer à l'éclat du mariage du prince héréditaire des Deux-Siciles, qui a été depuis le roi François Ier, père de Mme la duchesse de Berri, le séjour de Mme Grassini dans ce grand foyer de l'art musical a été pour la cantatrice une des époques les plus heureuses de sa vie. Piccinni, qui se trouvait alors à Naples, où il était venu chercher un refuge bien précaire contre les vicissitudes de la révolution française, composa pour Mme Grassini une cantate qu'elle devait chanter à la cour. Un élève de Piccinni, Anfossi, fut assez puissant pour faire échouer ce projet en substituant un morceau de sa composition à celui de son maître. Indigné d'un pareil procédé, le prince Auguste d'Angleterre, qui est devenu plus tard le duc de Sussex, fit chanter dans son hôtel, par Mme Grassini, la cantate de l'illustre compositeur dont on avait méconnu les services. Il n'est pas inutile d'ajouter peut-être que le prince anglais, qui se donnait pour un grand amateur de musique, était alors entièrement subjugué par les charmes de Mme Grassini, dont il était devenu le plus heureux et le plus magnifique des *cicisbei*. Il subissait avec docilité l'empire de la *prima donna assoluta*, qui se plaisait à l'atteler à son char comme un coursier de race attestant la puissance de ses beaux yeux. Un jour, cependant, que le prince crut avoir le droit de reprocher à son infidèle quelque péché véniel, il résolut de s'en venger. Il lui manifesta le désir de faire avec elle une promenade sur la mer. C'était par une belle nuit d'été. Au moment où ils voguaient tous deux paisiblement *al chiaro di luna* qui venait éclairer le beau visage de la sirène étendue mollement comme un serpent amoureux…, elle fut saisie tout à coup par deux mariniers vigoureux qui la jetèrent à la mer. « Mais, dit le duc de Sussex en racontant cette anecdote trente ans après à M. Lablache, ce démon de femme *savait nager*. Elle se sauva, vint me retrouver le lendemain plus séduisante que jamais, et me fit payer chèrement la leçon de natation que je lui avais donnée. »

Mme Grassini retourna à Milan dans l'année 1800, et c'est là que le général Bonaparte l'entendit pour la première fois dans un concert public qui fut donné après la bataille de Marengo. La belle cantatrice fut remarquée par le vainqueur de l'Italie, qui n'eut garde de laisser aux ennemis de la France une voix si persuasive et des yeux si séduisans. Il la fit donc venir à Paris comme l'un des plus beaux trophées de sa victoire. Mme Grassini se fit entendre pour la première fois aux Parisiens dans une grande fête nationale donnée à l'Hôtel des Invalides, qui s'appelait alors le Temple de Mars, le 14 juillet 1800, pour l'anniversaire de la prise de la bastille. Malgré la présence du général Bonaparte, qui attirait tous les regards, et qui était alors vraiment l'objet de l'enthousiasme général, la cantatrice italienne produisit un très grand effet sur le nombreux auditoire qui assistait à cette cérémonie. Elle chanta aussi dans un concert qui eut lieu chez le ministre de l'intérieur le 30 octobre de la même année, et où sa beauté, sa voix et son magnifique talent furent mieux appréciés encore. À cette soirée chez le ministre de l'intérieur se trouvait aussi la Banti, autre cantatrice célèbre de la fin du XVIIIe siècle, dont l'histoire est un vrai roman. Mme Grassini donna ensuite deux concerts publics à l'Opéra avec le célèbre violoniste Rodde, qui était bien digne de lutter avec une virtuose de ce mérite. Tout le monde admira le style élevé, la voix pure et la physionomie enchanteresse de la cantatrice dont les dilettanti émérites disaient ce que disaient les vieillards de Troie de la belle Hélène : Elle vaut bien le prix d'une victoire !

On était alors aux premiers jours du consulat. Le général Bonaparte préludait à sa grande destinée et n'avait pas eu le temps de relever toutes les institutions monarchiques, parmi lesquelles il est juste de comprendre l'opéra italien. Mme Grassini, qui ne pouvait rester à Paris d'une manière régulière, fit un voyage en Allemagne et se rendit à Berlin, où elle donna plusieurs concerts dans le printemps de l'année 1801. L'année suivante, Mme Grassini fut appelée en Angleterre pour remplacer la Banti, qui venait de partir pour l'Italie. Mme Grassini rencontra à Londres une rivale redoutable, Mme Billington, avec laquelle elle fut obligée d'engager une de ces luttes intéressantes dont la vie des artistes est partout remplie. Il y aurait un livre curieux à écrire ce serait une histoire des cantatrices célèbres, d'après la méthode de Plutarque, où l'on aurait soin d'opposer celles qui se sont distinguées dans le style sérieux et noble aux *prime donne* qui ont eu des qualités contraires, en faisant jaillir de ce contraste mille observations piquantes.

Dans aucune partie de l'Europe, ces luttes n'ont été plus fréquentes qu'en Angleterre, où les virtuoses italiens ont pénétré depuis le commencement du XVIIIe siècle, et où ils servaient de jouets à la rivalité des partis politiques. En effet, les whigs et les tories, le parti de la cour et celui de l'opposition s'embusquaient derrière un chanteur fameux dont ils faisaient un symbole de leur animosité, et dont ils opposaient le talent à celui d'un chanteur rival. C'est ainsi que, vers 1730, Handel, qui dirigeait le petit théâtre de Lincoln's-inn-Field, était obligé de lutter contre celui de Hay-Market, sous la direction de Porpora, qui était patronné par les chefs de l'opposition. Le fameux *sopraniste* Farinelli, qui chantait les opéras de son maître Porpora, et Senesino, un autre célèbre *sopraniste* de la même époque qui tenait pour Handel, étaient devenus les champions de deux grands partis politiques qui s'amusaient de cette rivalité, comme on s'amuse dans le même pays aux combats de coqs.

À l'époque où Mme Grassini rencontra Mme Billington, celle-ci était depuis long-temps l'objet de l'admiration du public anglais. Née à Londres en 1763, d'une famille d'artistes allemands, elle cultiva la musique de très bonne heure, et elle se produisit avec succès en public dès l'âge de quatorze ans. Mme Billigton débuta à Dublin à l'âge de seize ans, où elle fut d'abord éclipsée par une cantatrice anglaise, miss Wheeler, qui lui était pourtant bien inférieure. Revenue à Londres, Mme Billington débuta à Covent-Garden dans un opéra du docteur Arn, *Love in a vilage* (l'amour dans un village), où son succès fut des plus éclatans. Mme Billington se mesura successivement avec la Mara, avec la Banti et toutes les cantatrices célèbres qui vinrent à Londres pendant les trente dernières années du XVIIIe siècle. Elle est morte dans une terre qu'elle avait achetée près de Venise le 25 août 1818, laissant une fortune de plus d'un million. Mme Billington était, comme Mme Grassini, douée d'une rare beauté, et sa vie, riche en épisodes romanesques, formerait une des pages les plus curieuses de l'histoire de la galanterie.

Lors du second voyage que Haydn fit à Londres, en 1794, il eut occasion de connaître Mme Billington, pour laquelle il composa une fort belle cantate, *Ariane abandonnée*. Le grand compositeur se trouvait un jour chez la cantatrice au moment où le peintre Reynolds venait d'achever un portrait de Mme Billington, représentée sous les traits d'une sainte Cécile, les yeux levés vers le ciel, et écoutant un chœur d'anges qui occupait la partie supérieure du tableau. Mme Billington demanda à Haydn ce qu'il pensait de ce portrait. — Il est ressemblant, répondit le maître, mais j'y trouve un bien grand défaut, — Et lequel ? répondit Mme Billington avec inquiétude. Elle craignait que Reynolds, qui était présent à ce dialogue, ne fût blessé de la restriction. — Le peintre, continua Haydn, vous a représentée écoutant la musique des anges, tandis qu'il aurait dû peindre les anges écoutant votre voix enchanteresse. — Émue d'un compliment si flatteur, la belle cantatrice étendit ses bras et déposa sur la bouche du divin vieillard un baiser radieux.

Mme Billington était une cantatrice très remarquable dans le style brillant, dont sa voix de soprano, étendue et très flexible, exécutait les plus grandes difficultés avec une grace parfaite. Excellente musicienne, elle lisait tout à première vue, et possédait même un talent distingué sur le clavecin. Lorsque Mme Grassini arriva à Londres, elle débuta au théâtre de Hay-Market dans un opéra de Mayer, *la Virgine del Sole*. Elle rencontra une certaine froideur dans le public anglais, qui, tout en rendant justice aux belles qualités que possédait la nouvelle cantatrice, ne lui témoigna qu'une estime pleine de réserve. Découragée par cet échec, auquel elle était loin de s'attendre, Mme Grassini n'osait plus s'aventurer toute seule devant un public qui paraissait méconnaître la puissance de son talent et le charme de sa personne. C'est alors que Mme Grassini eut recours à Mme Billington, en la priant de chanter à la représentation qu'on devait donner à son bénéfice. Elles parurent toutes deux ensemble dans un opéra, *il Ratto di Proserpina*, qui fut composé pour cette circonstance par Winter, l'auteur du *Sacrifice interrompu* et l'un des plus heureux imitateurs de Mozart. Mme Billington remplissait le rôle de Cérès et Mme Grassini celui de Proserpine. Rapprochées ainsi sur un même champ de bataille, les deux cantatrices ne se ménagèrent pas les coups de gosier ni les roulades meurtrières. C'étaient des éclairs, des *gorgheggi* perfides et des trilles empoisonnés qu'on se lançait réciproquement comme des bombes à la Congrève. Le combat fut long, acharné et décisif. La victoire se déclara ouvertement pour Mme Grassini, dont la belle voix de contralto, l'expression pénétrante et le style pathétique furent l'objet de l'admiration générale.

Comme cela arrive toujours en pareil cas, Mme Grassini passa tout à coup de l'obscurité à la pleine lumière, et devint une femme à la mode. On voulait la voir, on voulait l'entendre, et l'on payait aussi cher un de ses regards qu'un soupir de sa belle voix. Elle était fêtée par les dames de la plus grande distinction, courtisée par les plus grands seigneurs et les princes du sang, parmi lesquels se trouvait encore le duc de Sussex, qu'elle fut heureuse de revoir et de retrouver moins jaloux qu'en 1797. Cependant, quoique vaincue, Mme Billington n'avait pas déserté la lutte, et de temps en temps elle portait, à sa glorieuse rivale certaines bottes secrètes qui la faisaient bondir comme un lion surpris. Mme Billington, ayant une voix de soprano très flexible et d'un éclat merveilleux, cherchait à débusquer sa rivale de son beau domaine, qui s'étendait dans les cordes inférieures de la voix de contralto, tandis que la cantatrice italienne, pour achever la ruine de son ennemie, s'essayait à acquérir quelques notes supérieures dont l'absence empoisonnait le plaisir de sa victoire. Ainsi, chacune de ces deux amazones empiétait sur le domaine de l'autre. Un soir qu'elles chantaient ensemble un duo dans je ne sais plus quel opéra, Mme Grassini lança en l'air une *volatine* qui se perdit dans les cordes supérieures, tandis que Mme

Billington lui répondit en se précipitant dans les régions sublunaires de la voix de contralto, ce qui fit tressaillir le pauvre *impresario,* qui accourut dans la loge de Mme Lebrun en s'écriant : « Vous le voyez, madame, ces deux vipères veulent ma ruine ! Lorsque je vais les voir le matin, je trouve la Grassini qui s'égosille à vouloir attraper quelques notes pointues de soprano, tandis que la Billington s'enroue à imiter la voix de contralto que la nature lui a refusée. J'en perdrai la tête à diriger ces deux sirènes ! »

Napoléon venait de franchir l'intervalle qui séparait la première magistrature de la république française du rang suprême. L'empire fondé, le nouveau Charlemagne voulut que sa cour fût entourée de toute la magnificence qui caractérisait l'ancienne monarchie de Louis XIV. C'est alors, en 1804, qu'il fit venir à Paris Mme Grassini pour faire partie de la troupe de chanteurs italiens qui devait desservir exclusivement le théâtre de sa majesté. Cette troupe fut la première qui vint s'établir en France depuis celle qui avait disparu lors de la révolution du 10 août : elle était composée du fameux Crescentini, de Brizzi, Crivelli, deux ténors de beaucoup de mérite, auxquels vinrent se joindre plus tard Tachinardi et Mme Paër, femme de l'illustre compositeur, qui fut nommé directeur de la musique particulière de l'empereur. Mme Grassini et Crescentini, qui se connaissaient depuis long-temps, puisqu'ils avaient chanté ensemble dès le commencement de leur carrière, étaient les deux virtuoses chéris de Napoléon, ceux qui avaient le don particulier de le charmer et même de l'attendrir. Crescentini était un chanteur du plus grand mérite ; il fut le dernier *sopraniste* célèbre qui transmit le style et la grande manière de chanter de la vieille école italienne. Né, en 1767, près d'Urbino, dans les États Romains, il débuta à Rome, au commencement de l'année 1789, dans un opéra intitulé *Cesar*, où il jouait un rôle de femme sous un costume semblable à ceux qu'on portait à la cour de Versailles. Crescentini était venu remplacer à Rome Marchesi, dont le départ avait attristé le cœur de toutes les femmes de la ville éternelle. À la dernière représentation qu'il donna, Marchesi fut l'objet d'une ovation extraordinaire, dont il serait impossible de se faire une idée en France. On pleurait dans la salle, et les femmes apostrophaient tout haut le chanteur, en lui adressant les mots les plus tendres et les moins équivoques : *Adio, anima mia… Ricordati di me !*

En 1796, Crescentini était à Milan avec Mme Grassini il y créait le rôle de Roméo dans l'opéra de Zingarelli. L'année suivante, il chantait à Venise dans *les Horaces* de Cimarosa, puis il se rendit à Vienne, où il est resté jusqu'en 1799. Alors il partit pour Lisbonne, où il rencontra Mme Catalani, et, après avoir visité une seconde fois Vienne en 1805, où Napoléon eut occasion de l'entendre, Crescentini fut mandé à Paris et attaché à la cour impériale par un engagement magnifique. Crescentini possédait une voix de *mezzo soprano* d'une qualité admirable. Excellent musicien, d'une physionomie charmante et assez bon comédien pour un homme qui, pour nous servir d'une expression du droit romain, était *capitis diminutio*. Crescentini était un virtuose incomparable, qui brillait surtout, ainsi que ses prédécesseurs Guadagni et Pachiarotti, dans l'expression des sentimens pathétiques. Ceux qui ont eu le bonheur d'entendre Mme Pasta chanter le rôle de Roméo de l'opéra de Zingarelli peuvent se faire une idée, sans doute très incomplète, de ce que pouvait être Crescentini dans ce même rôle qu'il avait créé, et dont il a composé l'air si célèbre *Ombra adorata*. En effet, cet air, l'un des meilleurs morceaux de cette faible partition, est de Crescentini lui-même. Il le composa à Reggio di Modena, dans l'été de l'année 1797, pour le substituer à celui qu'avait écrit Zingarelli. Ce morceau, dont le récitatif et le *cantabile* qui vient après sont si remarquables, eut un tel succès lorsque Crescentini le chanta pour la première fois, qu'on ne voulut plus entendre celui de la partition. Un soir qu'on représentait sur le théâtre des Tuileries le chef-d'œuvre de Zingarelli, Crescentini chanta d'une manière si touchante le bel air que nous venons de citer, que Napoléon en fut ému jusqu'aux larmes. Pour reconnaître dignement le plaisir qu'on lui avait fait éprouver, l'empereur envoya à Crescentini l'ordre de la Couronne de Fer. Cet acte de munificence étonna un peu les courtisans, ce qui fit dire à Mme Grassini, pour excuser son camarade : *Poveretto ! gli costa caro.* (Hélas ! cela lui coûte cher.)

Mme Grassini était la *prima donna* toute-puissante de cette troupe privilégiée. Napoléon goûtait beaucoup sen talent et aimait sa personne. Il l'avait rencontrée à sa première campagne d'Italie ; elle lui rappelait à la fois les beaux jours de sa gloire et l'origine de son immense fortune. Les beaux yeux de la cantatrice avaient été pour le maître de la France comme l'étoile *mattutina*, qui s'était levée avec l'aurore de son génie. Aussi l'empereur avait-il pour Mme Grassini toutes sortes de faiblesses. Il l'avait enchaînée à son trône par des guirlandes de roses, et il lui permettait de donner cours à ses caprices, comme lui-même épanchait les siens sur la politique de l'Europe. Mme Grassini usait largement de la part d'autorité souveraine qui lui était concédée. Elle faisait plier sous sa volonté tout ce qui chantait et tout ce qui jouait d'un instrument quelconque. Le *maestro* Paër lui-même, qui n'était pourtant pas dépourvu de malice, dut passer sous les fourches caudines de la cantatrice et obéir en esclave, mais en esclave *ognor fremente.*

Cependant des nuages passagers venaient parfois troubler le bonheur de Mme Grassini. La toute-puissance entraîne avec elle des amertumes qui rendent la liberté d'autant plus chère à ceux qui en ont goûté les ineffables douceurs. Il paraît que Mme Grassini eut lieu d'apercevoir un peu d'altération dans ses rapports bienveillans avec l'empereur. Inquiète sur la cause qui avait amené cette froideur, elle essaya de la dissiper par une coquetterie de son invention. Paër avait composé pour Mme Grassini deux opéras, *Didon* et *Cléopâtre,* dont elle jouait le principal rôle. Un jour de l'année 1807, Mme Grassini alla trouver Blangini, le gracieux compositeur de tant de *canzonette* et de ces *duettini amorosi* qu'on a chantés dans tous les salons de l'Europe. « Mon ami, lui dit-elle, je viens réclamer de vous un service d'où dépend la paix de mon cœur. Je joue ce soir aux Tuileries le rôle de Cléopâtre, et je voudrais ajouter à mon rôle les trois vers suivans, que je vous prierai de mettre en musique :

> Adora i cenni tuoi, questo mio cor fedele ;
> Sposa sarò se voui, non dubitar di me ;
> Ma, un sguardo sereno ti chiedo d'amor !

« Mon cœur fidèle recevra tes ordres toujours avec soumission. Je serai ton épouse, si tel est ton désir ; ne doute pas de ma foi ; mais, je t'en conjure, dirige vers moi un regard plein d'amour et de sérénité. » Ces paroles étaient adressées par Cléopâtre à César, « et pendant toute la durée de la représentation, rapporte Blangini dans le volume de *Souvenirs* qu'il a laissés, les beaux yeux de Mme Grassini ne quittèrent pas la loge impériale, attendant avec anxiété que le conquérant de l'Égypte daignât jeter sur elle *un sguardo sereno d'amor.* »

Le règne de Mme Grassini finit en 1814, et la chute de l'empire entraîna celle de la cantatrice, qui, hélas ! fut aussi infidèle que la fortune pour le héros qu'elle avait adoré. Toujours dramatique et toujours sensible, la *prima donna* ne put se défendre d'aller chanter des *duettini amorosi* avec lord Castlereagh, qui, pour un Anglais et pour un premier ministre, n'avait pas la voix trop fausse, nous assure Blangini, qui les accompagnait au piano. Dans ces soirées intimes, chez l'homme qui avait été le principal agent de la coalition contre Napoléon, on voyait Mme Grassini, drapée dans un grand châle de l'Inde qui lui servait de manteau, déclamant avec pompe les plus beaux passages des rôles qu'elle avait joués sur le théâtre des Tuileries. Le duc de Wellington, qui assistait à ces soirées et qui aimait autant la musique que les belles cantatrices, écoutait avec ravissement cette voix magnifique qui avait charmé les loisirs du conquérant de l'Europe. Le héros équivoque de Waterloo n'était pas fâché de s'entendre dire par la belle Cléopâtre :

Adora i cenni tuoi, questo mio cor fedele,

et l'histoire nous affirme, toujours par la bouche de Blangini, que le duc de Wellington ne se faisait pas tirer l'oreille pour répondre à cette tendre supplique par *un sguardo sereno d'amor* !

Mme Grassini a cessé de chanter en public depuis 1815. Sa voix, affaiblie, l'avertit qu'il était temps d'abdiquer aussi et de clore sa brillante carrière par un silence volontaire. Elle vécut depuis lors, tantôt à Paris et tantôt à Milan, usant noblement de sa fortune, et ayant conservé jusqu'à un âge très avancé des restes imposans de sa beauté et de son magnifique talent. Elle est morte à Milan dans le mois de janvier 1850, âgée de soixante-dix-sept ans, laissant une fortune de cinq cent mille francs.

Joséphine Grassini a été une des femmes les plus séduisantes de son temps. D'une taille moyenne, bien prise et fortement constituée, elle avait une tête ravissante, où brillaient la grace et la passion. Ses yeux longs, doux et *languidi,* s'ouvraient lentement et se remplissaient de lumière à mesure que le sentiment faisait vibrer les cordes de sa voix pénétrante. Cette voix était un contralto de la plus belle qualité, puissant, timbré, et d'une égalité parfaite. Très faible musicienne, ne pouvant aborder que des morceaux simplement écrits, comme l'était la musique de son époque, Mme Grassini suppléait à ce défaut d'éducation première par une grande manière de phrases et par une vocalisation sonore et pleine, consistant en ornemens de détail qui relevaient l'éclat de l'idée mélodique sans la surcharger de vains oripeaux. Ces ornemens, qui égayaient le tissu de son beau style, étaient des *appoggiature* énergiques, des *mordans,* des *grupetti* délicats, qui sont à l'art de chanter ce que seraient sur un vase précieux des ciselures finement burinées par un Benvenuto Cellini. Ayant presque passé sa vie à côté de Crescentini, Mme Grassini sut profiter de l'exemple de ce virtuose admirable. Elle lui emprunta sa méthode, qui était la méthode des Guadagni, des Pachiarotti, et des plus célèbres sopranistes du XVIIIe siècle. C'est par l'expression des sentimens, par une déclamation simple et vraie que se distinguait Mme Grassini. Dans sa lutte avec Mme Billington, elle ne put vaincre l'hostilité que lui montrait le public anglais qu'en déployant des qualités opposées à celles que possédait sa rivale.

J'ai eu le plaisir de voir et d'entendre Mme Grassini. C'était à Paris, dans un salon particulier, où elle chanta cet air des *Horaces* de Cimarosa :

> Quelle papille tenere
> Che brillano d'amore.

Sa voix magnifique, que le temps avait déjà ternie, son style large, soutenu, et sa manière incomparable de phraser, me sont restés dans la mémoire comme un idéal du bel art de chanter. Quand on a rencontré une seule fois dans sa vie de pareils talens, il est difficile de se prêter à l'enthousiasme qu'excitent de nos jours tant d'artistes médiocres.

La vie de Mme Grassini a été une vie d'enchantement. Jeune, belle, passionnée et douée des plus grands artifices que puisse posséder une femme, Mme Grassini a traversé la vie comme un rêve de bonheur. Les puissans de la terre se disputaient au poids de l'or un regard de ses beaux yeux, un sourire de sa bouche charmante. Ses conquêtes ont été au moins aussi nombreuses et plus durables que celles de l'homme dont elle eut les bonnes graces et charma les loisirs. Née, dans la seconde moitié du XVIIIe siècle, près de Milan, dans ce beau pays de la Lombardie dont la terre forte et féconde communique à ses enfans une sève généreuse, Mme Grassini, ainsi que Mme Pasta, sa compatriote, et Mlle Grisi, sa nièce, fut essentiellement une cantatrice dramatique. Plus tendre que spirituelle et plus riche d'instinct que de véritables connaissances, elle chantait, comme le soleil rayonne, pour manifester la vie qui était en elle, sans avoir conscience de l'effet produit, s'endormant ensuite comme l'oiseau, qui n'est éloquent que pendant la courte saison des amours. À voir cette belle tête pleine de lumière, qui reposait sur de magnifiques épaules largement dessinées comme celles de Mlle Grisi, et dont la peau, fine, grasse et blanche, se colorait de la pourpre de la vie, on aurait dit la Joconde de Léonard de Vinci, ce type de la femme lombarde qu'on peut admirer à notre galerie du Louvre. Se figure-t-on Mme Grassini, sous le costume de Giulietta, à côté de Crescentini dans le chef-d'œuvre de Zingarelli ! Cette musique simple, mais faiblement écrite, paraissait une œuvre de génie interprétée par de tels virtuoses. Je me la représente dans ce rôle où elle parut dans tout l'éclat de la jeunesse, et qui a été sa meilleure création, chantant avec Crescentini le duo charmant :

> Dunque mio bene
> Tu mia sarai ?

et lui répondant d'une voix tremblante d'émotion :

> Si, cora speme
> Io tua sarò.

Ah ! que nous sommes loin de ces temps heureux !

Mme Grassini, qui a été l'une des dernières et grandes cantatrices du siècle passé, est restée étrangère à la musique de Rossini aussi bien que Mme Catalani. Avec Crescentini, son camarade et son maître, Mme Grassini appartient à cette génération de virtuoses qui s'est produite entre Cimarosa et l'auteur de *Tancrède* et du *Barbier de Séville*. Il existe un fort beau portrait de Mme Grassini, peint par Mme Lebrun, et que l'on conserve au musée de la ville d'Avignon.

Dans une réunion où se trouvaitM^me Grassini, vers 1838, à Paris, on eut occasion de parler de Napoléon et de Louis XVIII. On se plaisait à les imaginer se rencontrant dans les champs élysées et se questionnant sur les grands événemens qui s'étaient accomplis de leur temps. Chacune des personnes présentes émettait son avis dans ce dialogue des morts improvisé, lorsque Mme Grassini laissa échapper la naïveté suivante : « Je suis bien sûre que la première question qu'aura faite le grand Napoléon au roi Louis XVIII aura été celle-ci : — *Pourquoi n'as-tu pas conservé la pension que j'avais donnée à ma chère Grassini ?* » À cette sortie pittoresque, tout le monde partit d'un éclat de rire. Puisque nous en sommes à imaginer des dialogues entre les personnages illustres qui ont franchi la rive éternelle, qu'on nous permette d'en supposer un aussi. Si par-delà les limites de cette vie passagère on conserve encore quelques-unes des belles passions qui nous ont charmés sur la terre, j'aime à croire que Mme Grassini cherchera à se rapprocher de la grande ombre de celui dont elle fut la cantatrice bien-aimée ; et si, par une distraction à laquelle les femmes ne sont que trop sujettes, Mme Grassini éprouvait encore le désir de chanter ce passage de son rôle de Cléopâtre :

Adora i cenni tuoi, questo mio cor fedele,

l'ombre courroucée du vainqueur de Rivoli et de Marengo

lui répondrait sans doute : « Va chanter des *duettini amorosi* avec lord Castlereagh, que je vois là-bas, et va demander au duc de Wellington, qui ne peut tarder d'arriver aussi, un *sguardo sereno d'amor*. » Cela dit, l'ombre auguste disparaîtrait,

> Ex oculis subito, cui fumus in auras
> Commixtus, fugit diversa…

P. SCUDO.

1. ↑ Voyez la livraison du 1er octobre 1849.
2. ↑ Voyez les *Memorie dei compositori di musica del regno di Napoli*, par le marquis de Villarosa, à l'article *Zingarelli*. Naples, 1840.